contents

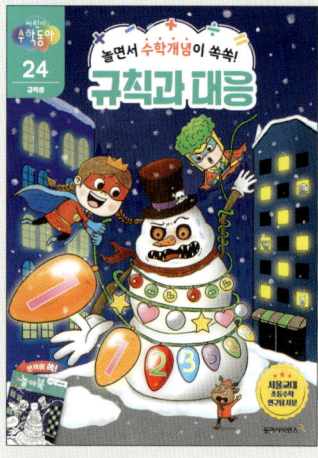

표지이야기

잡았다, 눈사람! 도시를 혼란스럽게 만들던 눈사람을 두 어린이 영웅이 꽁꽁 묶었어요. 자세히 보니, 눈사람을 묶은 줄에 알록달록한 전구들이 달려 있네요. 전구에도, 불 켜진 창문에도 규칙이 숨어 있는 것 같은데…? 영웅들을 따라 규칙이 가득한 도시로 떠나 봐요!

10

규칙 파괴 어겨맨을 막아라!

42

전설의 마법사, 프랙탈의 선물

숫자로 보는 뉴스

06 "2030년 아시안게임에서 금메달 딸래요!"

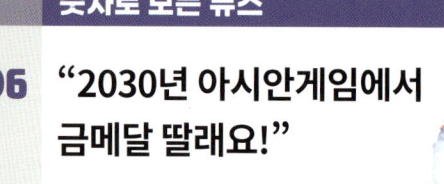

수학 개념 완전정복!

04 수학 교과 단원맵

08 어수티콘
비

16 수콤달콤 연구소
차곡차곡 쌓은 모양에도 규칙이 있어요

20 꿀꺽! 생활 속 수학 한 입
암호를 풀어라! 게임 속 세상 탈출하기

46 수학 궁금증 해결! 출동, 슈퍼M
귀에 쏙쏙 들어오는 노래의 비밀은?

74 꿀꺽! 생활 속 수학 두 입
보물, 기다려! 코딩으로 널 찾으러 가

78 똥손 수학체험실
취향 저격! 규칙대로 햄버거 세트

82 수학 플레이리스트

진짜 재밌는 수학만화

24 인공지능 로봇 마이보2
악당은 가고, 새 시대가 온다!

34 요리왕 구단지
우리는 요리왕!

50 수리국 신한지의 비밀
다시 찾은 평화

58 놀러와! 도토리 슈퍼
안녕! 도토리 슈퍼

66 헬로 매스 지옥 선수촌
스포츠에 포기란 없다

84 우당탕탕 수학 과몰입러
규칙을 찾아라!

수학 교과 단원맵

24호 규칙성 규칙과 대응

이번 호 <어린이수학동아>가 초등 수학 교과의 어느 단원과 연결되는지 확인해 보세요. 어수동을 재밌게 읽는 동안 수학의 기초가 튼튼해져요!

	1학년		2학년		3학년		4학년		5학년		6학년	
	1학기	2학기	1학기	2학기	1학기	2학기	1학기	2학기	1학기	2학기	1학기	2학기
수와 연산	9까지의 수 / 덧셈과 뺄셈 / 50까지의 수	100까지의 수 / 덧셈과 뺄셈① / 덧셈과 뺄셈② / 덧셈과 뺄셈③	세 자리 수 / 덧셈과 뺄셈 / 곱셈	네 자리 수 / 곱셈구구	덧셈과 뺄셈 / 나눗셈 / 곱셈 / 분수와 소수	곱셈 / 나눗셈 / 분수	큰 수 / 곱셈과 나눗셈	분수의 덧셈과 뺄셈 / 소수의 덧셈과 뺄셈	자연수의 혼합 계산 / 약수와 배수 / 약분과 통분 / 분수의 덧셈과 뺄셈	분수의 곱셈 / 소수의 곱셈	분수의 나눗셈 / 소수의 나눗셈	분수의 나눗셈 / 소수의 나눗셈
규칙성				규칙 찾기			규칙 찾기		규칙과 대응		비와 비율 / 여러 가지 그래프	비례식과 비례배분
도형	여러 가지 모양	여러 가지 모양	여러 가지 도형		평면도형 / 원		각도 / 평면도형의 이동	삼각형 / 사각형 / 다각형	다각형의 둘레와 넓이	합동과 대칭 / 직육면체	각기둥과 각뿔 / 직육면체의 부피와 겉넓이	공간과 입체 / 원의 넓이 / 원기둥, 원뿔, 구
측정	비교하기	시계 보기와 규칙 찾기	길이 재기	길이 재기 / 시각과 시간	길이와 시간	들이와 무게			수의 범위와 어림하기			
자료와 가능성			분류하기	표와 그래프		자료의 정리	막대 그래프	꺾은선 그래프	평균과 가능성			

교과서랑 같이 봐요!

규칙 파괴 어겨맨을 막아라!

2-2 규칙 찾기	▶ 쌓은 모양에서 규칙을 찾아볼까요
4-1 규칙 찾기	▶ 계산식에서 규칙을 찾아볼까요
5-1 규칙과 대응	▶ 두 양 사이의 관계를 알아볼까요 ▶ 대응 관계를 식으로 나타내는 방법을 알아볼까요

10p

암호를 풀어라! 게임 속 세상 탈출하기

| 4-1 규칙 찾기 | ▶ 수의 배열에서 규칙을 찾아볼까요
▶ 도형의 배열에서 규칙을 찾아볼까요 |
| 5-1 규칙과 대응 | ▶ 두 양 사이의 관계를 알아볼까요 |

20p

귀에 쏙쏙 들어오는 노래의 비밀은?

| 4-1 규칙 찾기 | ▶ 수의 배열에서 규칙을 찾아볼까요
▶ 수의 배열에는 어떤 규칙이 있을까요 |

46p

취향 저격! 규칙대로 햄버거 세트

| 5-1 규칙과 대응 | ▶ 두 양 사이의 관계를 알아볼까요 |
| 6-1 비와 비율 | ▶ 두 수를 비교해 볼까요
▶ 비를 알아볼까요 |

78p

함께 생각해 봐요!

☑ 건널목에서 보는 신호등에도, 매일 보는 시계와 달력에도 모두 규칙이 있지요. 이 세상에 규칙이란 게 없다면 어떻게 될까요? 자유롭고 편하기만 할까요?

☑ 그림을 그리거나 음악을 만들 때, 종이접기나 요리, 뜨개질할 때도 규칙이 있어요. 친구나 가족과 함께 규칙 찾기 놀이를 해 봐요.

☑ 나와 친구만 읽을 수 있는 비밀 편지를 써 봐요. 남들은 모르는 우리만의 규칙을 만들면 되지요. 기사에 소개된 암호 만드는 방법을 이용해도 좋고, 친구와 머리를 맞대고 우리만의 방법으로 암호를 만들 수도 있어요.

☑ 4분음표의 절반 길이만큼 소리를 내는 음은 8분음표로, 8분음표의 절반 길이의 음은 16분음표로 나타내지요. 여러 가지 음표의 이름과 음의 길이를 알아보세요.

☑ 노랫말은 시(詩)와 비슷하지요. 비슷한 글자 수를 규칙적으로 사용해 지은 시는 노래가 아닌데도 노래하듯 읽게 돼요. 이유가 뭘지 생각해 봐요.

☑ 한쪽의 수와 양이 변할 때 규칙에 따라 다른 한쪽의 수와 양도 변하는 걸 '대응 관계'라고 해요. 나중에 '함수'라는 수학과 연결되는 개념이지요. 우리 주변에서 대응 관계인 것들을 찾아보세요.

숫자로 보는 뉴스

글 최송이 기자(song1114@donga.com) **디자인** 오진희 **사진** 어린이수학동아, 김사랑

"2030년 아시안게임에서 금메달 딸래요!"

체스는 각 기물을 규칙에 맞게 움직여서 상대 팀 왕이 더는 움직일 수 없게 만들면 이기는 게임이에요. 2023년 열린 항저우 아시안게임에서는 체스가 12년 만에 정식 종목으로 다시 채택됐지요. 김사랑(13) 선수는 이번 아시안게임에 참가한 867명의 국가대표 중 가장 어린 선수였어요. 하지만 체스를 향한 열정과 끈기는 누구보다도 대단했지요. 그동안 <어린이수학동아>의 '도전! M 체스 마스터'에서 체스 비법을 전해주기도 했던 김사랑 선수를 직접 만났어요!

어린이 수학동아 응원합니다!!

항저우 아시안게임
체스 국가대표
김사랑 ♡

#체스 #규칙성 #규칙 #항저우아시안게임 #국가대표

어수동 최연소 국가대표로 선발된 소감이 궁금해요.

기분 좋은 한편, 많은 사람의 응원을 받아 더 잘해야겠다고 생각했어요. 가장 어린 선수로서 각 나라의 체스 국가대표들과 경쟁하는 것이 힘들기도 했지만, 이번 아시안게임을 계기로 다음 국제 대회에서는 더 잘할 수 있을 것이라는 자신감을 얻었어요. 앞으로 체스 올림피아드 국가대표가 되고, 2030년 아시안게임에서는 금메달을 얻는 것이 목표예요!

항저우 아시안게임에서 경기를 앞둔 김사랑 선수의 모습이에요.

어수동 체스를 잘하는 비결은 무엇인가요?

매일 아침 학교 가기 전에 체스 연습을 하고, 틈틈이 온라인 체스 사이트나 책을 보고 문제를 풀면서 체스 실력을 쌓아요. 하지만 그보다 중요한 건, 어려운 문제를 만나더라도 끝까지 침착하게 경기를 하는 인내심과 끈기라고 생각해요. 한 수를 두는 데 오랜 시간이 걸리더라도, 목표를 위해 절대 포기하지 않지요.

어수동 체스의 여러 가지 규칙 중 어떤 규칙을 가장 좋아하나요?

저는 '프로모션'이라는 특별 규칙을 좋아해요. 체스에서 가장 약한 기물인 '폰'이 모든 시련을 극복하고 상대방 진영 끝까지 가면 강력한 기물로 바뀌는 점이 멋있게 느껴지거든요. 또, '캐슬링*'은 체스에 꼭 있어야 하는 중요한 규칙이라고 생각해요. 킹에게 주어진 단 한 번의 기회를 활용해 킹을 안전하게 보호할 수 있기 때문이지요.

용어 설명

캐슬링* 체스에서 유일하게 두 개의 기물을 한 번에 움직일 수 있는 특수 규칙으로, 킹을 룩 방향으로 두 칸 움직이고, 룩은 킹의 반대편 옆으로 옮기는 것을 말해요.

어수동 <어린이수학동아> 독자들에게 한 마디?

'도전! M 체스 마스터'를 통해 독자들에게 체스 비법을 전해주면서, 저 스스로도 체스의 기초를 다시 정리할 수 있는 좋은 계기가 됐어요. 앞으로도 더 많은 친구들이 체스에 관심을 가지고 체스를 좋아했으면 좋겠어요!

비

"비가 내리네"

굵은 빗줄기가 주룩주룩 내리고 있어요. 그런데, 자세히 보니 빗줄기 사이로 숫자들이 섞여 있네요. 숫자 사이의 :은 무엇을 뜻하는 걸까요?

글 조현영 기자(4everyoung@donga.com) 일러스트 밤곰
#수학용어 #수학개념 #이모티콘 #비 #비율

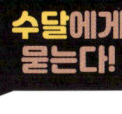 

두 수의 양을 '비'교한다!

어수동: '1:4', '2:8' 이게 다 '비'라고요?

맞아요! 비는 두 수의 크기를 비교할 때 사용해요. 기호 :의 왼쪽은 비교하는 양, 오른쪽은 기준이 되는 양을 나타내지요. 예를 들어 1:4에서 1은 비교하는 수, 4는 기준이 되는 수예요. 읽을 때는 '1과 4의 비', '1 대 4', '4에 대한 1의 비' 등으로 읽지요.

어수동: 아하! 그런데, 비는 어디에 쓰이나요?

1 : 5
비교하는 수   기준이 되는 수   → $\frac{1}{5}$

1과 5의 비   비율

비는 스포츠 경기에서 두 팀의 점수를 비교할 때, 음식 재료의 양을 비교할 때 등 일상 속 많은 상황에서 쓰여요. 두 수의 비를 : 기호를 쓰지 않고 분수로 나타내는 것을 '비율'이라고 해요. $\frac{(비교하는 수)}{(기준이 되는 수)}$로 바꾸어서 나타내지요. 만약 생딸기우유를 만들 때 딸기청을 1만큼, 우유를 5만큼 넣는다면, 두 재료의 비는 1:5, 비율은 $\frac{1}{5}$이라고 말할 수 있어요.

독자들의 2행시를 소개합니다!

수 수학을 배우다가 무리해서
열 열이 나고 아팠는데, 〈어수동〉을 보고 말끔히 나았다. 〈어수동〉 최고!

박원율(a01047022722)

수 수학의 방 탈출! 나가야 하는데···
열 열쇠를 저 멀리 놓고 왔네!

김시은(minamiss)

나만의 수학 용어 이모티콘과 3행시를 만들어 주세요!

눈사람이 벽돌을 먹는다! 몇 개씩 먹고 있는 거야?

어거맨은 보도블록의 벽돌을 후루룩 빨아들이는 중이었어요. 벌써 많은 벽돌이 어거맨의 입 속으로 사라진 뒤였지요. 꽈배걸이 나타나자, 어거맨은 사악한 웃음을 지으며 사라졌어요. 꽈배걸은 벽돌이 빠진 보도블록을 바라보며 몇 개의 벽돌을 도로 가져다 놓아야 하는지 헤아렸지요.

"1+2, 2+4, 3+6⋯, 그 다음은 4+8이겠군."

꽈배기 파워! 빠르게 차이 알기

더해지는 수	더하는 수
1	2
2	4
3	6
4	8
5	10

+1 사이, +2 사이 (3 + 6)

규칙에 따른 여러 계산식이 있을 때, 계산식 1개를 골라 앞뒤 계산식과의 차이를 확인하면 규칙을 알아차릴 수 있어요.

꽈배걸이 사라진 벽돌의 개수를 세어 보도블록을 복구하는 동안, 브로콜리보이는 어겨맨을 쫓아 달려갔어요. 한참을 달리던 브로콜리보이는 얼음 계단을 발견했지요. 계단 위에서 어겨맨이 외쳤어요.

"높은 얼음 계단 탑을 쌓아 꼭대기에서 눈보라를 흩뿌릴 테다!"

브로콜리보이는 깊은 고민에 빠졌어요.

"브로콜리 파워로는 얼음 벽돌이 5개 쌓일 때 2개를 없애고, 7개 쌓일 때 4개를 없앨 수 있는데…. 그러면 얼음 벽돌은 계속 3개가 남네?"

B 브로콜리 파워! 계산 결과는 똑같아

빼어지는 수	빼는 수	차
5	2	3
7	4	3
9	− 6	= 3
11	8	3
13	10	3

뺄셈에서 빼어지는 수가 늘어나는 만큼 빼는 수가 똑같이 늘어나면 결괏값은 그대로예요.

"전부 다 없애진 못해도, 평평하게 만들 수는 있지!"

"좋아, 계단이 높아지지 않도록 브로콜리 파워로 계속 평평하게 만들자."
브로콜리보이가 계단을 망가뜨리자, 분노한 어겨맨은 비명을 질렀어요.
"으아아악! 꽈배걸, 브로콜리보이! 자꾸 이렇게 방해할 테냐!"

마지막 얼음 계단에서 몇 개의 벽돌을 부술지 직접 칠해 보세요!

날이 밝고, 햇빛을 받은 어겨맨은 기운을 잃은 채 앉아 있었어요. 꽈배걸과 브로콜리보이는 어겨맨에게 왜 이런 일을 벌였는지 물었지요.
"봄이 오면 아무도 날 기억해 주지 않을 것 같아서…. 너무 외로웠어."
시무룩한 어겨맨을 보고 가여운 마음이 든 꽈배걸은 고민 끝에 불쑥 '눈사람 집게'를 꺼내들었어요.
"널 위해 광장을 눈사람으로 가득 채워줄게!"

하나를 알면 둘이 보인다!

'대응 관계'는 한쪽의 양이 변할 때 다른 쪽의 양도 규칙에 따라 변하는 관계를 말해요. 대응 관계를 알면 한쪽의 양만 알아도 다른 쪽의 양을 금방 계산할 수 있고, 식으로도 간단하게 나타낼 수 있어요.

눈사람 1개 = 눈뭉치 2개

- 눈사람 1개를 만들 때 필요한 눈뭉치는 2개다.
- 눈사람이 1개씩 늘어날수록 눈뭉치는 2개씩 늘어난다.
- 눈뭉치 수는 눈사람 수의 2배이다.
- 눈사람 수는 눈뭉치 수의 $\frac{1}{2}$ 배이다.

작은 눈사람들에 둘러싸여 기분이 조금 나아진 어겨맨은 시끌벅적한 공원을 둘러보았어요. 밤 사이 무슨 일이 있었는지 알지 못하는 사람들은 평소처럼 밝고 신나는 모습으로 일상을 보내고 있었지요. 어겨맨은 눈사람처럼 대응 관계인 것이 또 있는지 유심히 살펴보았어요.

버스에 탄 사람은 몇 명?

승객이 3명이어도, 버스에 탄 사람은 4명이 돼요. 버스 기사는 무조건 버스에 타고 있기 때문이지요.

승객 +1 = 버스에 탄 사람

- 승객이 3명이면 버스에 탄 사람은 4명이다.
- 승객이 10명이면 버스에 탄 사람은 11명이다.
- 승객이 100명이면 버스에 탄 사람은 101명이다.

할머니와 강아지의 나이 차

할머니의 나이는 78살, 강아지의 나이는 8살이에요. 둘의 나이 차는 70살이지요.

할머니의 나이 − 70 = 강아지의 나이

- 할머니가 70살보다 어리다면 강아지는 아직 태어나지 않았다.
- 할머니가 78살이면 강아지는 8살이다.
- 할머니가 90살이면 강아지는 20살이다.

학교 끝나면 또 놀러올게. 같이 눈사람을 만들자, 어겨맨!

세상 구경에 정신이 팔린 어겨맨을 뒤로 한 채, 꽈배기걸과 브로콜리보이는 다시 평범한 초등학생으로 돌아왔어요. 밤새 세상을 구하느라 피곤했지만, 학교를 빠질 수는 없었지요.
"아무도 우리가 영웅이라는 걸 모르지만 괜찮아. 원래 영웅은 특별한 사람이 아닌 가장 평범한 사람이거든~!" Ⓜ

그림으로 보는 수학

차곡차곡 쌓은 모양에도 규칙이 있어요

눈이 펑펑 내려 온 세상이 하얗게 변했어요. 수콤은 귀여운 '눈오리'를 만들었네요. 달콤은 나무에 반짝반짝 장식을 달았어요. 여러가지 쌓여있는 물건에서도 규칙을 쏙쏙 찾아봐요.

글·디자인 어린이수학동아 일러스트 허경미, GIB

수콤달콤 연구소는 어린이들이 '쓴맛'으로 꼽은 초등수학 내용을 달콤하게 바꿔드려요.

핵심 연구원

 연구소장 수콤
'수학을 달콤하고 맛있게 만들기'가 목표인 허당 소장이에요.

 수학 요리사 달콤
어떤 수학도 달콤하게 만드는 달인이에요.

규칙 박스

모양 'ㄴ'자 모양으로 쌓인 눈오리가 계속 이어져요.

수 눈오리가 3개, 1개 순서로 반복해서 쌓여 있어요.

수콤 비법

쌓여있는 물건의 모양이나 수의 변화에서 규칙을 발견할 수 있어요.

수콤달콤 선물배달

수콤과 달콤이 착한 어린이들에게 선물을 주려고 해요. 선물 상자들이 어떤 규칙으로 쌓여있는지 살펴봐요.

수콤 비법
쌓여 있는 물건에서 규칙을 찾을 때는 그림에서 보이지 않는 부분도 상상해봐요.

규칙 박스
상자의 개수가 전 단계보다 1, 4, 9, 16…개 늘어나요. 늘어난 상자의 수는 1×1, 2×2, 3×3, 4×4…개예요.

규칙을 식으로 나타내면 100번째, 1000번째에 어떤 수가 올지도 예상할 수 있어.

상자 개수

1 = 1 × 1

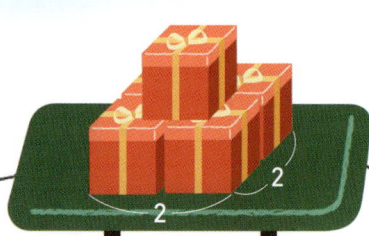

5 = 1 + $\underset{2\times2}{4}$

규칙 박스
상자의 개수가 1, 8, 27…개예요. 가로, 세로, 높이를 곱한 값인 1×1×1, 2×2×2, 3×3×3…과 같아요.

상자 개수

1 = 1 × 1 × 1

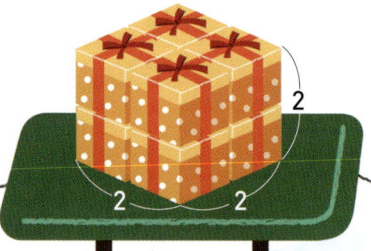

8 = 2 × 2 × 2

암호를 풀어라!
게임 속 세상 탈출하기

으아아~! 게임을 하다 잠이 들었는데, 눈을 뜨니 게임 속 세상이 눈앞에 펼쳐져 있어요! 네모난 **픽셀★**로 이뤄진 세상에서 탈출하려면 암호를 맞혀야 하나 봐요. 암호 속 규칙을 알아내서 열쇠 3개를 얻고, 무사히 이곳을 탈출하도록 여러분이 도와주세요!

글 최은솔 기자(eunsolcc@donga.com) **디자인** 오진희 **일러스트** GIB **사진** 위키미디어
#암호 #규칙 #스키테일_암호 #시저_암호 #방_탈출 #게임

> 여기에서 나가야 〈어수동〉 독자를 만날 수 있어!

용어 설명
픽셀★ 컴퓨터, 텔레비전과 같은 화면을 이루는 가장 작은 단위를 말해요. 작은 정사각형들로 이루어져 있어요.

이상한 문장 속 규칙은?

예쁘게 포장된 선물 상자가 있어요. 안에는 기다란 쪽지가 들어있네요!

| 고구마양많이이렇게아껴미래에고를건가봐 |

흠…. 고구마를 엄청나게 좋아하는 사람이 남긴 쪽지일까요? 아하! 띄어쓰기가 없는 걸 보니, 암호인 게 분명해요. 아마도 글자 위치에 어떤 규칙이 있는 것 같아요.

고**구**마**양**많이이**렇**게아**껴**미래에고를건가봐
→ 고마많이게껴래고건봐

> 한 글자 건너 한 글자씩 읽어볼까요?
> 흠, 아무래도 이 규칙은 아닌 것 같아요.

고구**마양**많이이렇게아**껴미**래에고**를건**가봐

잠깐, 다시 보니—

고**양**이**아**래**를**봐
→ 고양이아래를봐

> 세 글자씩 건너뛰어 읽어보니, 메시지가 나타났어요. 암호를 찾았어요!

> 고양이 아래에 열쇠가 있어요! 열쇠 한 개 획득!

스키테일 암호

약 2500년 전, 그리스에서 비밀 정보를 전하기 위해 만든 최초의 암호예요. 스키테일(Scytale)이라는 막대에 종이를 감고, 칸마다 한 글자씩 적어서 암호를 만들었지요. 종이를 풀어서 글을 읽으면 무슨 뜻인지 전혀 알 수 없지만, 막대에 감으면 내용을 알 수 있어요.

위키미디어

글자를 옮겨라! 알쏭달쏭 암호

두 번째 선물상자 안에는 암호와 힌트가 적힌 쪽지와 알파벳이 A부터 Z까지 가로로 쭉 적혀있는 종이가 있네요. 'CILTBO'라는 영어 단어는 없는데…. 잠깐! 힌트를 보니, 글자를 오른쪽으로 3칸씩 띄어서 읽으라는 뜻일까요?

암호 CILTBO
힌트 오른쪽, 3

오른쪽으로 3칸씩 띄어서 읽어보니 F, L, O, W, E, R. 정답은 FLOWER! 꽃이라는 뜻이에요. 꽃이 피어있는 나무를 살펴보니, 열쇠가 있어요. 두 번째 열쇠도 무사히 얻었어요!

시저 암호

약 2100년 전 로마 황제 카이사르가 군인들과 정보를 나누려고 만든 암호로, 카이사르 암호라고도 해요. 암호로 만들 내용을 일정한 간격만큼 띄어서 다른 알파벳으로 바꿔요. 이때 암호를 받을 사람과 띄어 읽을 간격을 정해서 더 어렵게 만들 수도 있어요. 크고 작은 원 모양 판 두 개에 글자를 적고 안쪽 원을 돌려가며 암호를 확인하기도 했지요.

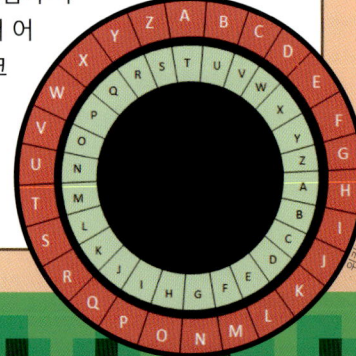

춤추는 암호를 맞혀라!

이번에는 자물쇠 3개가 달린 상자와 쪽지가 있어요. 그런데 종이에는 글자가 아니라 춤추는 사람이 그려져 있네요! 춤추는 사람 그림과 그에 대응하는 글자가 무엇인지 알면, 답을 알 수 있겠어요!

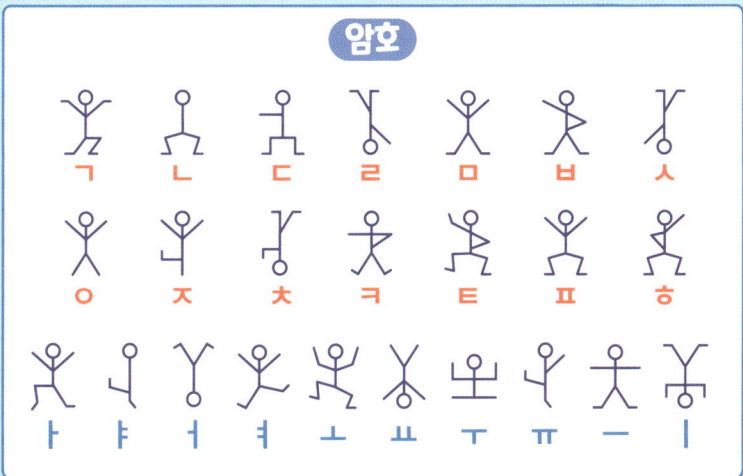

※ 참고: 아서 코넌 도일의 소설 <셜록 홈즈의 귀환>에 나오는 그림 암호를 영어에서 한글로 바꿨어요.

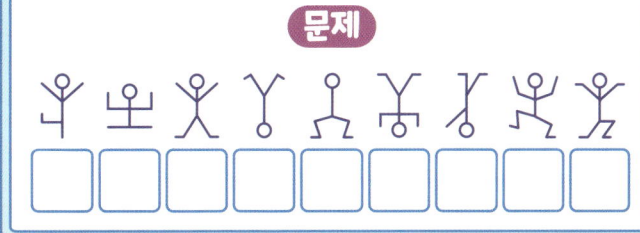

그림에 해당하는 글자를 적어 보니, ☐☐☐☐☐ 이 답이었어요. 옷에 있는 주머니 속을 뒤적뒤적 만져보니, 열쇠가 들어있네요. 3개의 열쇠로 자물쇠들을 열자 상자에서 빛이 뿜어져 나오면서 게임 탈출 성공! 탈출을 도와줘서 고마워요~!

> 춤추는 사람 그림 아래 암호를 찾아서 적고, 팝콘플래닛에 자랑해 봐!

무기징역★ 기간을 정하지 않고 평생 동안 교도소 안에 가두는 형벌을 말해요.

상온 초전도체★ 우리가 생활하는 온도인 상온에서 전기 흐름을 방해하는 성질이 사라지며 전기를 매우 잘 전달하는 물질을 말해요. 아직까지 상온 초전도체 개발에 성공한 과학자는 없지요.

양자컴퓨터★ 눈에 보이지 않는 아주 작은 세계를 다루는 물리학인 '양자역학'을 기반으로 작동하는 컴퓨터예요. 기존의 컴퓨터가 풀기 어려운 문제를 더 빠르게 해결하지요.

홍승우 작가 — 독자 여러분 마음 속에 마이보와 요미가 함께하길 바랍니다. 그동안 마이보를 사랑해 주셔서 감사합니다.

마이보와 친구들, 평화를 지켜줘서 고마워!

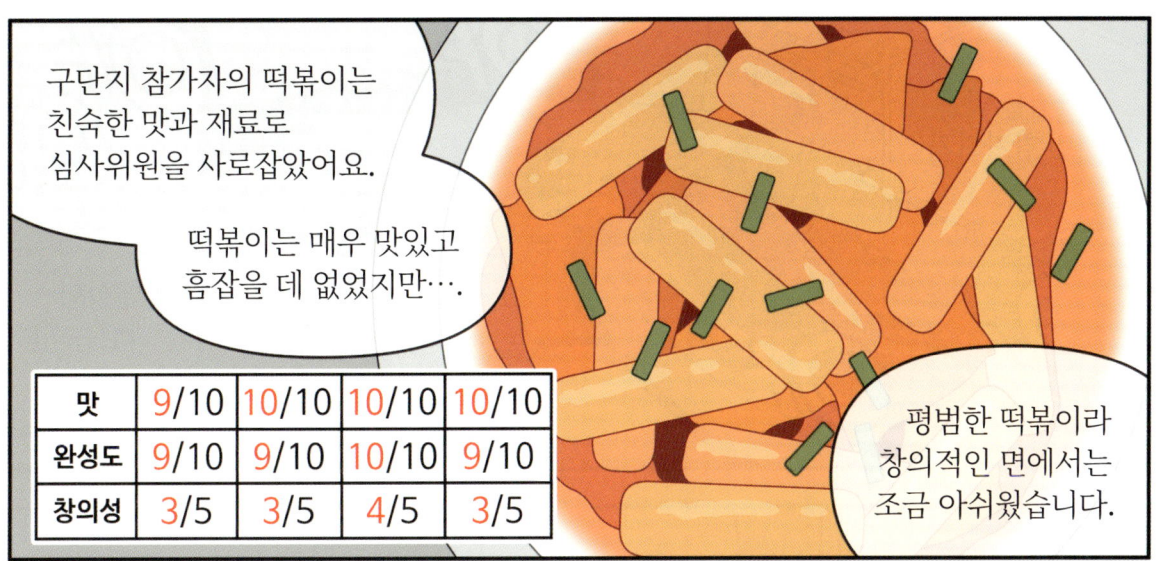

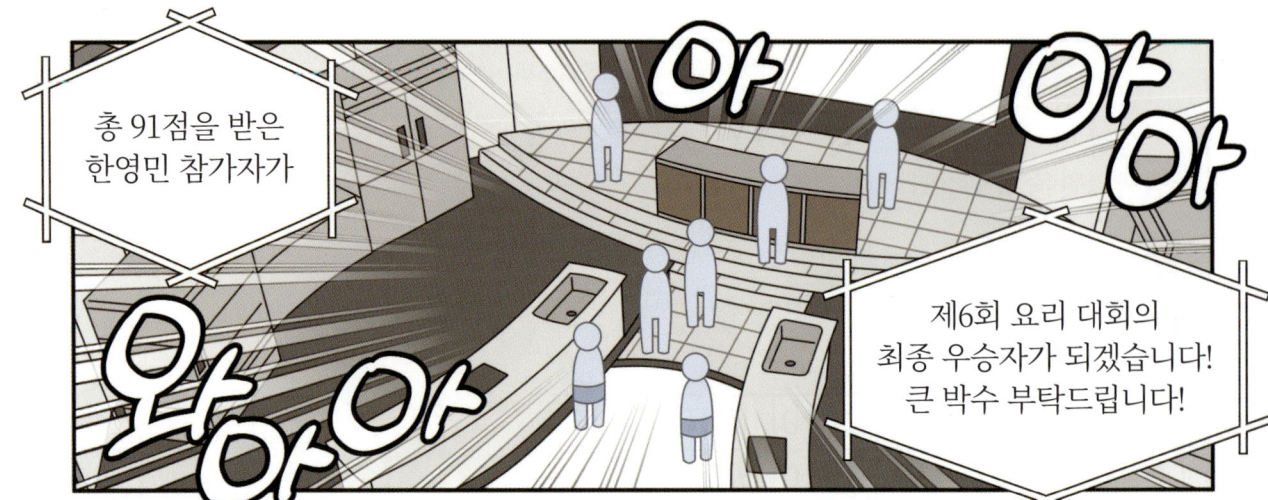

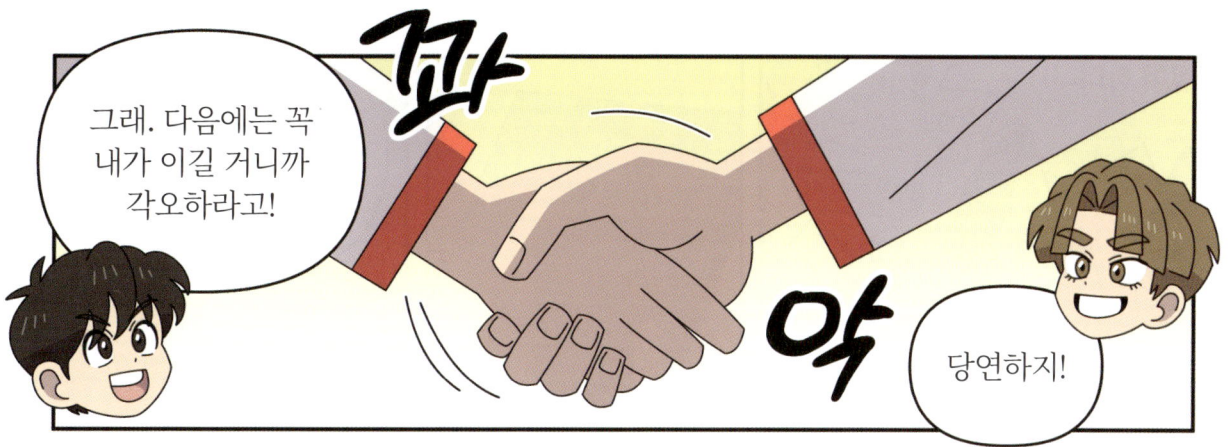

1등이 아니어도 괜찮아! 좋아하는 요리를 하는 모두가 요리왕!

전설의 마법사, 프랙탈의 선물

"세상 모든 문제의 해결 방법이 적혀있는 책, 그게 <솔루티오>야.
비어 보이는 페이지에 마법 주문을 외우면 내용이 나타나지."
스페스 선배는 눈을 반짝이며 말했어.
"무려 전설의 마법사 프랙탈이 만들었다고 전해지는 책이야."
프랙탈?! 내가 가장 좋아하는 마법사 프랙탈의 책이라니!
하지만 티아는 조금 걱정스러운 눈치였어.
"대단하긴 한데…, 그만큼 위험할 수 있겠어요. 만약 잘못
사용되기라도 하면…."
그러자 스페스 선배가 말했어.
"역시 교장선생님께 갖다 드리는 게 맞겠지?
…몇 가지만 실험해보고 나서 말이야!"

글·일러스트 남남OK 콘텐츠 이다은 기자(dana@donga.com)
디자인 김은지
#규칙성 #규칙과_대응

그림마다 한 개씩 숨어있는 숫자도 찾아봐!

{마법 허브} 마법 허브는 자라면서 잎이 나는 모양과 맛이 달라집니다.

1년 2년 3년 4년 …

* 5년 이하는 딸기 맛
* 6년째에만 치즈 맛
* 7년 이상은 감자 맛

허브에서 치즈 맛이 나!

우리는 온실에 가서 솔이를 만났어. 솔이는 마법 허브 중에서 치즈 맛이 나는 것을 고르고 싶은데 어떤 건지 모르겠다고 했지. 나는 자신만만하게 솔루티오를 펼쳤어!

마법 허브는 잎이 돋아나는 모양이 규칙적으로 변한다.
치즈 맛이 나는 허브는 어떤 것일까?

"이제 첫눈 온 지 5주째가 돼!"

{눈오리}

첫눈이 올 때 찾아오기 시작해서 규칙적으로 늘어납니다.

- 첫눈 오는 주: 하얀 눈오리 3 + 얼음 눈오리 3 = 6마리
- 2번째 주: 하얀 눈오리 4 + 얼음 눈오리 6 = 10마리
- 3번째 주: 하얀 눈오리 5 + 얼음 눈오리 9 = 14마리
- 4번째 주: 하얀 눈오리 6 + 얼음 눈오리 12 = 18마리

눈오리야, 눈오리야, 새 둥지 줄게!

솔이에게 허브를 골라준 뒤 눈오리 사육장에 갔어.
"30마리야!", "아니, 22마리라니까!"
오르비아와 폰즈는 다음 주에 눈오리 몇 마리가 찾아올지 티격태격하고 있었어.
눈오리 수에 맞게 둥지를 미리 준비해야 했거든. 이것도 해결해 줄까?

눈오리는 첫눈 오는 주부터 찾아오기 시작해 매주 규칙적인 계산식에 따라 늘어난다. 다가올 5번째 주에는 눈오리 둥지 몇 개가 필요할까?

눈오리 둥지를 다 같이 만들고 나니 배가 고파졌어.

"마법 허브로 만든 치즈 파이야! 어서 와서 먹어 봐!"

모두 치즈 파이에 집중하고 있는데, 스페스 선배가 아직 미련이 남은 듯 말했어.

"솔루티오…, 꼭 학교에 기증해야 할까? 더 재미있는 것들도 좀 해보고…."

"안 돼요."

티아가 단호하게 말했어. 입가에 빵가루를 잔뜩 묻힌 채 말이야. 우리는 모두 웃음을 터트렸고, 스페스 선배도 체념한 듯 웃으며 나를 바라보았어.

"루스, 나보다 더 실망한 것 같은데?"

그래 보였나? 하긴, 프랙탈의 책을 가질 수 없다니 아쉽긴 했지.

"걱정 마, 루스! 이 세상은 프랙탈이 남긴 마법으로 가득 차 있으니까!"

"맞아. 마법 카드를 만들어서 온 세상에 숨겨놓았다는 얘기도 있고!"

솔이와 오르비아의 말에 나는 마치 입학 첫날처럼 마음이 부풀어 올랐어.

"온 세상에…, 프랙탈의 마법이…?!"

눈오리 몇 마리가 오후의 하늘을 가르고 있었어. 그날 하늘을 반짝반짝 수놓은 건 눈송이였을까, 별이었을까? 우리들의 마법 같은 시간은 그렇게 추억 속으로 스며들고 있었어.

퍼즐마법학교, 안녕! 루스의 새로운 모험으로 다시 만나자! 끝

출동, 슈퍼M

귀에 쏙쏙 들어오는 노래의 비밀은?

"펄펄~♪ 눈이 옵니다. 바람 타고 눈이 옵니다~♬"
학예회에서 동요 '눈'을 불렀어요. 한 번만 들어도 귀에 쏙 들어와서 금방 외울 수 있었지요. 그런데, 이 노래에 비밀이 있다고요? 슈퍼M이 알려주세요~!

글 장경아 객원기자 **진행** 최송이 기자(song1114@donga.com) **디자인** 오진희 **일러스트** 김태형 **사진** GIB
#슈퍼M #생활수학 #노래 #박자 #가사 #규칙

쿵짝쿵짝, 노래의 기본 '박자'

모든 노래에는 일정한 규칙인 '박자'가 있어요. 작곡가는 박자를 정해서 악보의 맨 처음에 수학의 분수와 똑같이 생긴 기호를 붙여요. 이를 '박자표'라고 하지요.

박자표의 분모 자리에 있는 수는 노래에서 기준이 되는 음표를 나타내요. 분자 자리에 있는 수는 기준이 되는 음표가 한 마디에 몇 개 들어가는지를 나타내지요. 예를 들어 $\frac{3}{4}$ 박자라면 '한 마디에 4분음표(♩) 3개만큼의 박자가 연주된다'는 의미예요.

그럼, 동요 '곰 세 마리', '옹달샘', '산토끼'의 박자를 살펴볼까요? 곰 세 마리는 $\frac{4}{4}$ 박자, 옹달샘은 $\frac{3}{4}$ 박자, 산토끼는 $\frac{2}{4}$ 박자예요. 박자에 따라 음의 세기인 '셈여림'이 달라져요. $\frac{4}{4}$ 박자는 첫 박에는 강하게, 두 번째 박에는 약하게, 세 번째 박에는 중간 크기로, 네 번째 박에는 약하게 소리를 내야 하지요.

박자와 셈여림에 맞춰 박수를 치면서 아래 동요를 불러 보세요!

한 번만 들어도 기억에 남는 이유는?

박자뿐만 아니라 노랫말에도 규칙이 숨어 있어요. 노래를 귀에 쏙쏙 들어오게 만드는 규칙을 자세히 알아봐요!

하나 같은 글자 수로!

겨울 동요로 익숙한 '눈'의 노랫말이에요.

펄~펄~ /	눈이 옵니다. /	바람 타고 /	눈이 옵니다.
2	5	4	5
하늘나라 /	선녀님들이 /	송이송이 /	하얀 솜을
4	5	4	4
자꾸자꾸 /	뿌려줍니다. /	자꾸자꾸 /	뿌려줍니다.
4	5	4	5

글자 수를 관찰해보면, /로 나뉘어 있는 마디마다 비슷한 글자 수가 반복된다는 걸 알 수 있어요. 노래의 처음인 '펄~펄~'을 빼고는 모든 마디의 글자 수가 4개와 5개로 번갈아 나오지요. 동요는 어린이들이 쉽게 따라 부를 수 있어야 하므로 이처럼 같은 글자 수를 반복해서 만드는 경우가 많아요.

둘 같은 가사를 반복!

글자 수뿐만 아니라, 같은 가사도 여러 번 반복돼요. 동요 '눈'에서는 '눈이 옵니다', '자꾸자꾸', '뿌려줍니다'가 두 번씩 반복되지요. 같은 가사가 반복되면 부르기도 쉽고, 오래 기억하게 돼요.

펄~펄~ /	눈이 옵니다. /	바람 타고 /	눈이 옵니다.
하늘나라 /	선녀님들이 /	송이송이 /	하얀 솜을
자꾸자꾸 /	뿌려줍니다. /	자꾸자꾸 /	뿌려줍니다.

이러한 글자 수의 규칙과 가사의 반복은 아주 오래전부터 사람들의 입을 통해 전해 내려오는 동요인 '전래동요'에서 더 뚜렷해요. 전래동요 '꼬마야, 꼬마야'를 살펴볼까요?

> 가사와 글자 수가 같은 동요에는 또 어떤 것이 있을까요?

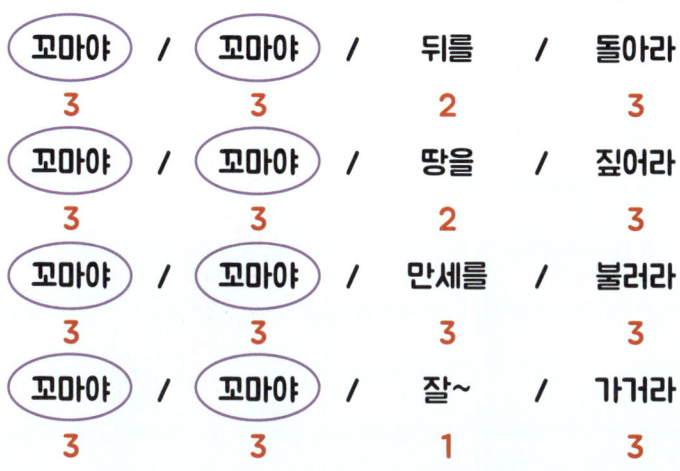

이 전래동요에서는 '잘~' 부분을 빼고는 글자 수가 3개와 2개로 비슷해요. 글자 수가 3-3-2(3)-3의 규칙으로 반복되지요. 또, 노래의 앞부분은 모두 '꼬마야 꼬마야'라는 가사가 반복되고 있어요. 단순한 규칙인 데다 노래 가사에도 반복되는 부분이 많기 때문에 한 번만 들어도 쉽게 따라 부를 수 있고, 기억에도 오래 남지요. 이런 이유로 전래동요는 악보가 없더라도 사람들의 입을 통해 오랫동안 전해 내려올 수 있었어요.

슈퍼 M 꿀팁! '후크송'의 비결도 반복!

'후크(Hook)'는 끝이 'C' 모양으로 된 갈고리를 뜻해요. 후크송은 한 노래에 같은 가사와 멜로디를 반복해서 사용해 만든 가요를 뜻해요. 이렇게 만든 가요는 한 번만 들어도 귀에 쏙쏙 들어오지요. 여러분의 기억에 남는 가요나 동요가 있다면, 어떤 가사와 멜로디가 반복되는지 생각해 보세요.

승부차기* 축구에서 경기 시간이 모두 끝날 때까지 승부를 가리지 못했을 때, 번갈아 공을 차서 더 많이 골을 넣은 팀이 승리하는 방식이에요.

두려움을 모르는 선수들! 어떤 경기에서든 멋진 활약을 기대할게!

+ 놀이북 23쪽과 함께 보세요!

보물, 기다려!
코딩으로 널 찾으러 가

용어 설명

코딩★ 컴퓨터가 어떤 문제를 해결할 수 있도록, 사람들이 해결 절차와 과정 등을 컴퓨터에 입력하는 작업이에요.

낡은 종이에 그려진 외딴섬, 그리고 보물의 흔적?!
저…, 아무래도 보물 지도를 손에 넣은 것 같아요. 자세히 보니 지도에 메모도 있어요.
"**코딩★**을 통해서만 보물을 찾을 수 있음!"
이런, 컴퓨터 속 보물섬이었군요! 코딩은 처음인데, 보물 상자를 찾을 수 있을까요?

글 이다은 기자(dana@donga.com) 디자인 김은지 사진 GIB, 어린이수학동아
#규칙성 #규칙과_대응 #코딩 #보물_찾기

저기 보물이 보여요!

코딩을 통해서만 보물을 찾을 수 있음!

이다은 기자

보물섬으로 떠나자!

보물 상자를 찾기 위한 첫 단계, 보물섬에 도착하기! 돌다리를 건너 보물섬에 갈 수 있도록 주어진 코드 블록으로 코딩해야 해요.

　코딩으로 명령을 내리면 컴퓨터는 순서대로 하나씩 빠르게 처리해요. 원하는 결과를 얻기 위해선 명령어인 코드를 차근차근 입력해야 한답니다. 빠지거나 틀린 부분도 없어야 하지요! 안전하게 보물섬에 도착하도록 코드대로 다은 기자를 이동시켜 보세요.

사용할 코드 블록

- **앞으로 □칸 이동** : □에 적힌 숫자만큼 앞으로 이동해요.
- **□으로 회전** : □에 적힌 방향대로 회전해요. (캐릭터가 바라보는 방향 기준)
- **뛰어넘기** : 물웅덩이 등 장애물이 나오면 한 칸 뛰어넘어요.
- **악어 물리치기** : 악어가 있는 칸에서 악어를 물리쳐요.

코드 순서가 바뀌면 결과가 완전히 달라질 수 있어요.

보물섬으로 go!

출발!

도착!

코드 실행

- 앞으로 2칸 이동
- 악어 물리치기
- 앞으로 1칸 이동
- 오른쪽으로 회전
- 뛰어넘기
- 왼쪽으로 회전
- 앞으로 1칸 이동
- 오른쪽으로 회전
- 앞으로 2칸 이동

보물섬 도착!

돌고 돌아 열쇠 찾기

보물섬에 도착했다면 달팽이 미로에 숨은 열쇠를 찾아요! 달팽이 미로에는 장애물은 없지만, 빙글빙글 미로를 계속해서 돌도록 코드 블록을 나열해야 하지요. 이때, 바로 뒤에 같은 코드 블록이 반복해서 나온다면 '반복하기 블록'을 사용할 수 있어요.

'코드 실행'의 빈칸을 채우고, 달팽이 미로를 통과하세요. 달팽이 미로 끝에서 열쇠를 찾을 수 있어요.

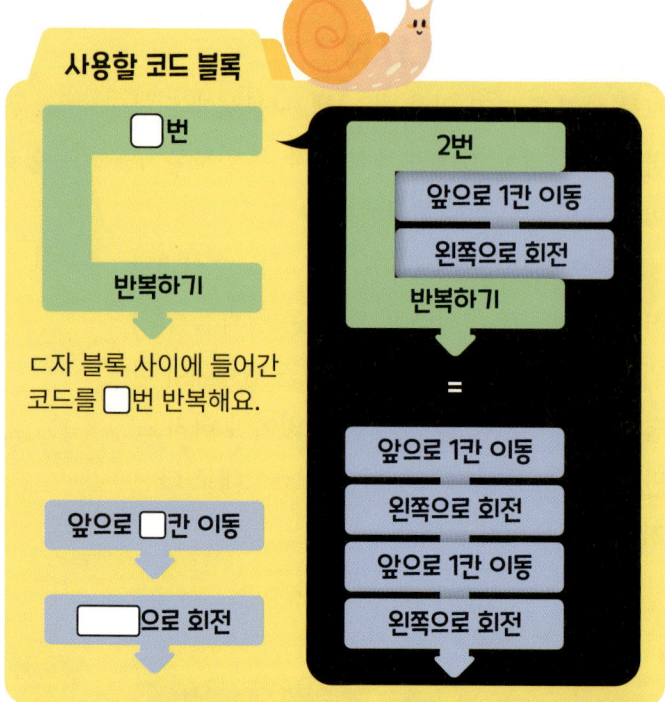

내가 간다, 보물!

저기까지만 가면 드디어 보물을 손에 넣을 수 있는데…. 악어, 진흙탕, 물웅덩이, 그리고 폭탄까지?! 장애물을 통과해 보물을 찾을 수 있도록 여러분이 직접 코딩해 주세요. 보물 상자로 가는 길이 다양해서 코드 블록도 여러 가지 방법으로 나열할 수 있어요. 보물 상자에 도착할 수 있다면 모든 방법이 맞지만, 코드 블록을 간결하고 읽기 쉽게 나열할수록 더 좋은 코딩이지요. 놀이북 23쪽 코드 블록 도안을 오려 빈칸에 블록을 나열해 보고, 가장 좋은 코드를 찾아 풀로 붙여보세요!

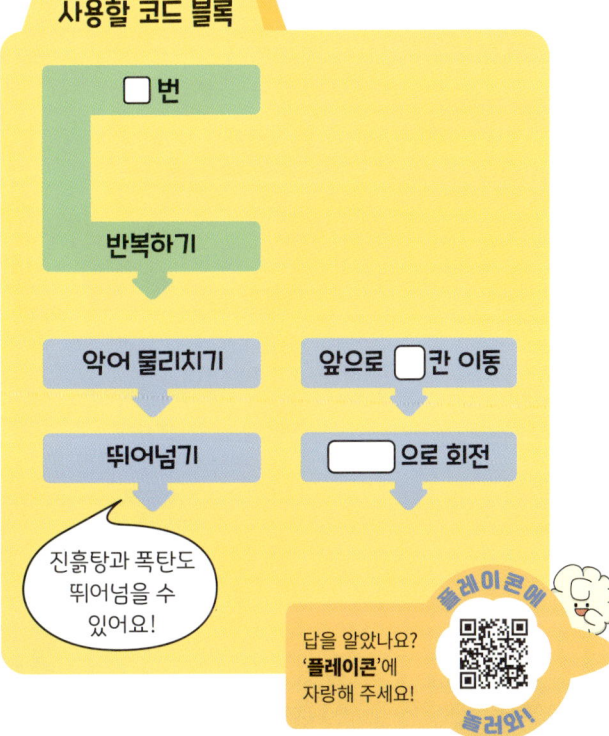

진흙탕과 폭탄도 뛰어넘을 수 있어요!

답을 알았나요? '플레이콘'에 자랑해 주세요!

똥손 수학 체험실
규칙대로 햄버거 세트

취향 저격!

먹음직스러운 빵 두 장에 패티 한 장, 치즈는 무려 네 장이 든 햄버거?!
치즈를 좋아하는 똥손 기자의 '어수동 세트'가 완성됐어요.
좋아하는 재료를 마음껏 넣은 나만의 햄버거 세트를 만들어 볼까요?

글 이다은 기자(dana@donga.com) **디자인** 김은지 **사진** GIB, 어린이수학동아
#수학체험실 #규칙성 #규칙과_대응 #햄버거

'어수동 세트' 나왔습니다~!

여러 세트를 만들 땐 '규칙'을 찾아봐!

'어수동 세트' 1인분에는 햄버거 하나, 감자튀김 하나, 음료수 하나가 들어가요. 햄버거에는 위아래로 빵 2장, 고기 패티 1장, 치즈 4장, 양상추 1장, 토마토 2장이 들어가고, 감자튀김은 감자 10조각, 음료는 500mL로 정해져 있지요.

만약 '어수동 세트' 4인분을 주문받으면 필요한 건 빵 8장, 고기 패티 4장, 치즈는…, 몇 장이죠? 1인분씩 늘어날 때마다 각 재료가 몇 개씩 늘어나는지 규칙을 찾으면 쉽게 알 수 있어요.

		1인분	2인분	3인분	4인분
햄버거	빵	2장	4장	6장	8장
	고기 패티	1장	2장	3장	4장
	치즈	4장	8장	12장	16장
	양상추	1장	2장	3장	4장
	토마토	2장	4장	6장	8장
감자튀김		10개	20개	30개	40개
음료수		500mL	1000mL	1500mL	2000mL

사람 수와 재료 양 사이의 규칙을 찾았다면 계산식으로 나타낼 수 있어요. 예를 들어, 빵의 양은 사람 수보다 항상 2배 많으므로 '사람 수 × 2 = 빵의 양'이고, 고기 패티의 양은 항상 사람 수와 똑같아서 '사람 수 = 고기 패티의 양'이지요. 이처럼 사람 수와 나머지 재료 양의 관계도 모두 식으로 나타내고 계산할 수 있답니다!

먹고 싶은 것만 가득해! 햄버거 세트

내 맘대로 재료를 골라 차곡차곡 쌓으면, 햄버거 완성! 놀이북 25쪽의 햄버거 세트 재료 도안을 오려 나만의 세트를 만들어 봐요.

준비물

25쪽 도안 / 가위 / 풀 / 종이 상자

나만의 규칙을 적고 햄버거 세트를 만들어 봐!

나만의 햄버거 세트 규칙

		1인분	2인분
햄버거	빵		
	고기 패티		
	치즈		
	양상추		
	토마토		
감자튀김			
음료수			

햄버거 도안에서 원하는 재료를 골라 오려요.

자른 도안을 종이 상자에 풀로 붙여요.

종이 상자와 함께 도안을 다시 잘라요.
종이 상자가 두꺼우니 자를 때 손을 조심하세요.

자른 재료를 쌓아 나만의 규칙대로 햄버거를 만들어요.

햄버거 완성!

80쪽 QR코드를 찍으면 쟁반 도안을 내려받을 수 있어요!

감자튀김과 음료수도 같은 방법으로 원하는 만큼 만들어 세트를 완성해요.

수플리
수학 플레이리스트

담당 최은솔 기자
(eunsolcc@donga.com)

QR코드를 찍고 **게임 방법**을 영상으로 확인해 보세요!

※자세한 규칙은 제품에 들어있는 설명서를 참고하세요.

🎲 **보드게임**

1

카드 60장, 토큰 12개, 주사위 4개가 있어요. 주사위는 각 면의 색이 다르고, ● 만 그려진 주사위가 2개, ✕만 그려진 주사위가 2개예요.

2

카드 60장을 잘 섞어 각자 7장씩 가지고, 나머지는 더미를 만들어 뒤집어 놔요. 차례대로 주사위 2개를 골라 굴려요.

3

초록색은 포함하고, 빨간색은 포함하지 않고!

● 주사위로는 해당하는 색을 포함하는 카드를 찾고, ✕ 주사위로는 해당하는 색을 포함하지 않는 카드를 찾아서 내요.

케자오
아스모디코리아
asmodeekorea.com
22,000원
이용 연령 | 6세 이상
참여 인원 | 2~5명

6

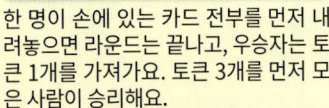

한 명이 손에 있는 카드 전부를 먼저 내려놓으면 라운드는 끝나고, 우승자는 토큰 1개를 가져가요. 토큰 3개를 먼저 모은 사람이 승리해요.

5

만약 ●, ✕ 주사위를 굴렸을 때 색깔이 같다면 모든 참가자가 주사위를 재빨리 집어요. 주사위를 못 집은 사람들은 더미에서 카드 3장을 가져와요.

4

카드는 인원수만큼 낼 수 있어요. 만약 4명에서 하면 넷이 합쳐서 카드를 4장까지만 내요. 잘못된 카드를 내면 더미에서 카드 3장을 가져와요.

➕ 놀면서 배우자!

➕ 카드를 낼 수 있는 주사위의 조합을 생각해요. 내가 가진 카드에 어떤 색깔이 많고, 어떤 색깔이 없는지 파악해서 ●, ✕ 주사위 중 내 카드를 내려놓을 가능성이 높은 주사위를 선택해요.

➕ 계산 실력과 추리력을 길러요. 내게 유리한 주사위 조합이 상대에게도 유리할 수 있으므로, 나만 카드를 낼 수 있는 주사위 조합을 생각해 보세요.

 영상

메리 크리스마스! 눈사람 과자

동글동글 귀여운 몸을 뽐내는 눈사람이 있어요. 아하, 자세히 보니 과자 눈사람이군요! 빨대에 동그란 과자 두 알을 한 줄로 꽂아서 얼굴과 몸통을 만들어요. 화이트 초콜릿을 녹여 과자에 꼼꼼히 바르고, 초코 펜으로 장식하면 완성! 눈사람 하나에 과자 두 알이 필요하니, 여러 개를 만들려면 그만큼 더 많은 과자를 준비해야겠어요.

책

숫자도 모르던 뉴메릭의 수학 정복기

박병철 글 | 홍그림 그림 | 올리 | 14,000원

양치기 뉴메릭은 숫자를 셀 줄 몰라요. 숫자 대신 양에게 이름을 붙여 부르다 보니, 마릿수가 커질수록 어느 양까지 불렀는지 까먹기 일쑤였죠. 이에 뉴메릭은 여우 파미나의 도움을 받아 수를 세고 계산하는 법을 배워요. 어려워서 포기하고 싶어도 파미나와 더 친해지기 위해 열심히 공부하지요. 과연 뉴메릭은 수학을 정복하고, 파미나와의 우정도 얻을 수 있을까요?

 책

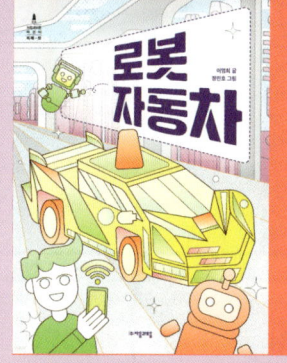

로봇 자동차

이명희 글 | 정민호 그림 | 자음과모음 | 13,500원

자동차가 점점 더 똑똑해지고 있어요! 운전자 없이도 자동차 스스로 안전하게 움직이는 '자율 주행' 기술이 등장했지요. 그런데, 자율 주행 자동차는 어떤 원리로 안전하게 움직이는 걸까요? 책을 읽으며 자동차가 앞으로 어떻게 달라질지 알아 봐요!

영상

손에 손 잡고~ 🎵 사이좋은 양말

가까이 다가가면 서로의 손을 꼭 잡는 양말이 있어요! 손에 자석이 들어있어서, 가까워지면 두 손이 '착'하고 달라붙지요. 발 2개가 모이면 이어진 손이 하나, 발 3개가 모이면 이어진 손이 둘, 발 4개가 모이면 이어진 손이 셋이 되네요. 여러분도 손잡는 양말을 신고 가까이 서 보세요. 손도, 마음도, 우정도 더 가까워질 거예요!

- 규칙을 찾아라! -

글·그림 최수경 콘텐츠 최송이 기자(song1114@donga.com)

여러분도 수학 과몰입러가 되어 보세요!

한 달에 두 번, 어린이수학동아가 찾아갑니다!

<어린이수학동아>를 정기구독으로 만나보세요. 한 달에 두 번 최신 호를 가장 빠르게 받아볼 수 있습니다. 1년을 구독하면 초등 수학의 5개 영역을 담은 <어린이수학동아> 24권을 모두 받을 수 있어요. 또, 정기구독 독자에게만 드리는 혜택도 누릴 수 있어요!

★ 정기구독으로 초등 수학 완전 정복!

연간 주제호 구성안	1월	2월	3월	4월	5월	6월
	여러 가지 수	덧셈과 뺄셈	도형	도형	도형	곱셈과 나눗셈
	여러 가지 수	덧셈과 뺄셈	도형	도형	곱셈과 나눗셈	곱셈과 나눗셈
	7월	8월	9월	10월	11월	12월
	분수와 소수	분수와 소수	측정	측정	자료와 가능성	규칙 찾기
	분수와 소수	분수와 소수	측정	자료와 가능성	자료와 가능성	규칙 찾기

※ 정기구독 신청일 기준으로 해당 월호가 배송되며 1년 중 24권을 모두 받을 수 있습니다.

어린이수학동아 정기구독 혜택 100% 누리기!

기자단 활동
★ 전국 과학관 및 박물관 상시 무료 입장
★ 내가 쓴 기사를 현직 기자가 첨삭!
★ 기사와 체험 활동은 포트폴리오로 관리

팝콘플래닛

연장회차별 DS캐시 지급
★ 현금처럼 사용가능한 DS캐시 제공
★ 5,000캐시부터 최대 15,000캐시까지 즉시 할인

DS 스토어

디 라이브러리 무료
★ 동아사이언스 모든 매거진(어린이수학동아, 어린이과학동아, 수학동아, 과학동아) 무료 이용
★ 연 480,000원 상당 혜택

디라이브러리

시민과학 프로젝트 참여 기회 제공
★ 이화여대 장이권 교수와 함께하는 **지구사랑탐사대 우선 선발**
★ AAAS 국제과학언론상 수상! **우리동네 동물원 수비대 우선 선발**
★ 줍깅! 분리배출! 플라스틱 일기까지! **플라스틱 다이어트 프로젝트 참여**

어수동 × 어과동 기자단 가입하고
82개 전국 과학관·박물관 취재하세요!

<어린이수학동아>를 정기구독해서 보는 친구에게는 정말 좋은 혜택이 있어요! 바로 어린이수학동아×어린이과학동아 기자단 활동! 기자는 원하는 정보를 얻기 위해 해당 분야 전문가를 만나 취재하고 기사를 쓰죠. 친구들도 <어수동> 기자처럼 전국 82개 과학관과 박물관에 무료 입장해 취재하고 기사를 쓸 수 있어요. 기사를 써서 팝콘플래닛 '기사콘'에 올리면 <어수동> 기자가 직접 첨삭해 기사를 출고합니다. 기자단에 가입하고 꼭 기자단 혜택을 누리세요!

기자단에 가입하면 얻는 혜택

혜택 1) 82개 - 전국 주요 과학관 및 박물관 무료 또는 할인 입장

혜택 2) 첨삭 - 현직 기자의 글쓰기 첨삭 지도

혜택 3) 취재 - 다양한 현장 취재 참여

혜택 4) 포트폴리오 - 내가 쓴 기사를 내려받을 수 있는 포트폴리오 제공

앱 설치하고 모바일 기자단증을 받으세요!

정기구독 신청 (02)6749-2002

정기구독 할인 안내 최대 288,000원 가격 할인

정기구독료

	구분	정가	정기구독료	할인율	할인금액
단품	1년 정기구독료(24권)	264,000	224,400	15%	39,600원 할인
	2년 정기구독료(48권)	528,000	422,400	20%	105,600원 할인

패키지 구독료

	구분	정가	정기구독료	할인율	할인금액
패키지 1년 정기 구독료	어린이수학동아 + 어린이과학동아	576,000	460,800	20%	115,200원 할인
	과학동아 + 어린이과학동아	510,000	408,000		102,000원 할인
패키지 2년 정기 구독료	어린이수학동아 + 어린이과학동아	1,152,000	864,000	25%	288,000원 할인
	과학동아 + 어린이과학동아	1,020,000	765,000		255,000원 할인

※위의 패키지 상품은 어린이수학동아 독자 연령에 맞는 대표 패키지입니다.
  추가로 다양한 패키지 상품을 구매할 수 있습니다(상세 가격은 'DS스토어' 홈페이지 참고).

어린이 수학동아

편집부
♥ 후기 ♥

😎 최은혜 편집장
어느새 겨울.
Merry Christmas!
여러분과 함께라서 행복해요.

😄 최송이 기자
벌써 올해의 마지막 호라니!
많은 일이 있었던 한 해였지만,
좋은 사람들과 함께할 수 있어서 행복했답니다.
여러분도 늘 행복하세요!

 조현영 기자
알록달록한 크리스마스 물건들 등장!
이 예쁘고 아기자기한 그릇들도 자세히
보면 여러 규칙에 따라 만들어졌어요.
우리의 생활에 딱~! 붙어 있는 규칙!
몰라도 재미있지만 알면 더 재미있다~!

😌 최은솔 기자
크리스마스를 준비하며 어드벤트 캘린더
첫 번째 칸을 열었어요.
12월 25일도 기다려지지만, 젤리를 매일
먹을 수 있다는 게 더 설레는군요.

 이다은 기자
보기만 해도 푸근한 실로 행운의 네 잎 클로버를
만들었어요. 흠흠, 저는 뜨개질을 한 게 아니라
규칙 찾기를 복습한 것이랍니다!
#언제나 #예습_복습 #철저한 #수학_기자

😍 오진희 디자인 파트장
호그와트 성 앞에 도착! 책으로 상상하고
영화로 본 세상이 눈 앞에 펼쳐져서 정말
신기했습니다~. 어린이들과 같은 마음으로
돌아갔던 시간이었어요 :)
#USJ

😜 김은지 디자이너
좋은 사람들과 함께 시간을 보낸다는 게
큰 행복인 것 같아요! 우리 <어수동> 친구들도
날씨는 춥지만, 마음만은 따뜻한 계절로
기억되길 바랄게요.

내가 바로 <어수동> 표지 작가!

독자 여러분이 멋지게 완성한 <어수동> 표지를 소개합니다. 놀이북 표지를 내 맘대로 색칠하고 '플레이콘'의 놀이터-어린이수학동아 게시판에 자랑해 주세요!

베스트 표지

독자
이찬우(themis113)

24호 표지

지금 바로 표지 작가에 도전하세요! 베스트 표지에 뽑히면 선물을 드려요!

이다은 기자

기자의 한마디

★ 잡았다, 어겨맨! 어겨맨을 꽁꽁 감싼 줄에 숨은 규칙이 적혀 있어요. 바로 '피보나치수열'!

★ 어겨맨이 눈물을 뚝뚝 흘리며 레이저를 쏘네요. 이런, 레이저로 <어수동>을 공격 중이에요!

※ 베스트 표지로 선정된 분은 dana@donga.com으로 이름, 주소, 전화번호를 보내주세요!

어수동 찐팬을 만나다

우주 끝을 상상하는 예비 우주 비행사!

글 이다은 기자(dana@donga.com)

<어린이수학동아>의 진짜진짜 '찐팬'을 소개합니다! 찐팬으로 선정된 독자의 교실로 <어수동>을 보내드려요.

당나귀를 산책시키는 이주아 독자의 모습이에요.

어수동 <어수동>에서 무엇을 가장 좋아하나요?

여태껏 몰랐던 걸 알려주는 기사를 좋아해요. 가장 기억에 남는 건 <시각과 시간>호의 '슈퍼 스피드 빨라초! 1초면 충분하다!'이지요. 기사를 읽기 전까진 1초가 가장 짧은 시간인 줄 알았는데, 나노초와 피코초라는 더 짧은 시간 단위를 새로 알게 됐어요. 또, 문제 푸는 걸 좋아해서 놀이북 퍼즐 활동도 즐겨 하고 있어요.

어수동 20년 뒤에 무슨 일을 하고 있을 것 같나요?

미국항공우주국(NASA)의 우주 비행사가 돼서 우주에 가고 싶어요. 우주는 끝이 있거나, 반대로 끝없이 펼쳐져 있을 수도 있다는 점이 신비해요. 우주의 끝에 어떤 게 있을지 상상하다 보면 시간이 훌쩍 지나가지요. 지금은 블랙홀 여러 개가 우주를 둘러싸고 있을 것 같다고 생각하고 있어요. 나중엔 드넓은 우주를 직접 비행하며 비밀을 밝히고 싶어요. 그래서 최근에는 우주에 관한 책을 열심히 찾아 보고 있어요.

어수동 <어수동> 독자들에게 하고 싶은 말이 있나요?

<어수동>을 읽을 때 좋아하는 코너만 골라서 보지 말고, 여러 코너를 골고루 보라고 추천하고 싶어요. 평소에 즐겨보던 것만 읽으면 시야가 좁아지고 다양한 재미를 놓치게 되거든요. 저도 기사를 고루고루 보려고 노력하고 있답니다!

이주아
경기 의왕초등학교 4학년

규칙성 규칙과 대응

유대현 쌤의 사고력 쑥쑥 수학놀이
엉망진창 도시를 규칙으로 말끔하게!
놀러와! 도토리 오락실 | 산타 쿠키의 개수는?
도전! M 체스 마스터 | 기선을 제압하라! 오프닝 규칙

예쁘게 색칠해서 '**플레이콘**'에 올려주세요!

팝콘플래닛으로 놀러오세요!

팝콘플래닛은 어떤 곳인가요?
팝콘플래닛은 어린이의 상상으로 태어난 가상세계입니다.
총 4개의 콘으로 구성돼 있어요.

 나의 작품을 직접 연재하는 웹툰/소설/그림 작가 되기!

 기사도 쓰고~ 토론도 하고~ 어과수 기자단 활동하기!

 어린이수학동아, 어린이과학동아 콘텐츠를 한눈에 쏙!

 지구를 지켜라! 시민과학자 되기!

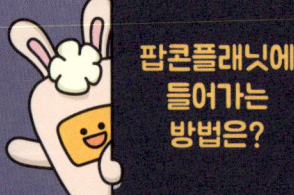

팝콘플래닛에 들어가는 방법은?

웹(PC)으로 접속할 때	앱(스마트폰/태블릿PC)으로 접속할 때
포털사이트에서 '팝콘플래닛'을 검색하거나 주소창에 www.popcornplanet.co.kr을 입력하세요.	구글/앱 스토어에서 '팝콘플래닛'을 검색한 다음 앱을 설치하세요.

나만의 햄버거를 만들어 봐!

contents

'플레이콘'에 놀러오세요!
놀이터-어린이수학동아 게시판에 나의 놀이북 활동을 자랑하면 추첨을 통해 선물을 드려요.

02 사고력 쑥쑥! 수학 놀이

06 이야기로 냠냠! 어수잼
엉망진창이야! 망가진 도시 수리

08 수학 궁금증 해결! 출동, 슈퍼M
노래의 규칙을 찾아라!

10 놀러와! 도토리 오락실

12 말랑말랑 두뇌퍼즐

16 어수동네 놀이터

18 도전! M 체스 마스터
기선을 제압한다! 오프닝 원칙

21 도전! M 체스 마스터 카드

23 보물찾기 코드 블록

25 마음대로! 햄버거 세트

사고력 쑥쑥! 수학놀이

콘텐츠 유대현 서울유현초등학교 교사
(전 서울 중부교육지원청 영재교육원 강사)
진행 조현영 기자(4everyoung@donga.com)
디자인 오진희 **일러스트** GIB
#규칙 #계산식

구구단의 규칙

💡 곱셈 구구는 여러 규칙을 살펴볼 수 있는 대표적인 계산식이에요. 아홉 가지 계산 결과 속에 특별한 규칙이 있지요.

		1	=	9
		2	=	18
		3	=	27
		4	=	36
9	×	5	=	45
		6	=	54
		7	=	63
		8	=	72
		9	=	81

1부터 9까지 다른 수를 곱해도 일정한 규칙이 보인다니!

9단 결과의 규칙

① 계산 결과에서 일의 자리 숫자가 1씩 줄어든다.

② 일의 자리 숫자와 십의 자리 숫자가 9를 가르기한 두 수와 같다.
  (1+8, 2+7, ···, 8+1)

③ ②에 따라서 일의 자리 숫자와 십의 자리 숫자를 더하면 항상 9가 된다.
  (0+9=9, 1+8=9, ···, 8+1=9)

④ 십의 자리 수가 0, 10, 20, ···, 80으로 10씩 커진다.

💡 다음 규칙을 읽고, 몇 단의 규칙일지 생각해 표의 빈칸을 채워 보세요.

1

		1	=	
		2	=	
		3	=	
		4	=	
	×	5	=	
		6	=	
		7	=	
		8	=	
		9	=	

단 결과의 규칙

① 십의 자리 숫자와 일의 자리 숫자를 더하면 항상 3의 배수가 된다.
② 일의 자리 숫자가 6, 2, 8, 4, 0 순서로 반복된다.
③ ②에 따라서 모든 결과가 항상 짝수다.

2

		1	=	
		2	=	
		3	=	
		4	=	
	×	5	=	
		6	=	
		7	=	
		8	=	
		9	=	

단 결과의 규칙

① 십의 자리 숫자와 일의 자리 숫자를 더하면 항상 3의 배수가 된다.
② 십의 자리 숫자가 3개마다 바뀐다.
③ 일의 자리 숫자가 홀수, 짝수로 번갈아 가며 나온다.

곱셈 구구를 하나씩 떠올리며 그 결과가 규칙에 맞는지 생각해 봐!

알쏭달쏭 계산식

💡 곱셈 구구 외에도, 특별한 규칙을 가진 계산식들이 있어요. 다음 표와 규칙을 살펴보고, 다섯째에 올 계산 결과를 적어 보세요.

첫째	1	×	1	=	1
둘째	11	×	11	=	121
셋째	111	×	111	=	12321
넷째	1111	×	1111	=	1234321
다섯째	11111	×	11111	=	

규칙	① 곱하는 수와 곱해지는 수의 자릿수가 하나씩 커진다. ② 곱하는 수와 곱해지는 수의 모든 자리 숫자는 1이다. ③ 계산 결과는 가운데 수를 중심으로 대칭하고, 가운데 수는 순서대로 1씩 커진다.
다섯째에 올 계산 결과	

"규칙만 파악하면 복잡하게 계산하지 않아도 결과를 알 수 있지!"

💡 이제 규칙을 직접 찾아 정리하고, 다섯째 식에 들어갈 수와 계산 결과도 적어 보세요.

①
첫째	37	×	3	=	111
둘째	37	×	6	=	222
셋째	37	×	9	=	333
넷째	37	×	12	=	444
다섯째		×		=	

규칙	
다섯째에 올 계산 결과	

②
첫째	12	×	9	=	108
둘째	123	×	9	=	1107
셋째	1234	×	9	=	11106
넷째	12345	×	9	=	111105
다섯째		×		=	

규칙	
다섯째에 올 계산 결과	

곱하는 수와 곱해지는 수는 어떻게 바뀌고 있을까? 계산 결과는?

건물의 창문을 달아라

어겨맨이 건물에 달린 창문도 모두 먹어버렸어요. 각 건물의 규칙이 무엇인지 보고, 비어있는 부분의 창문을 달아 주세요.

모양뿐만 아니라 색깔도 잘 살펴야겠어!

출동, 슈퍼 M

수학 궁금증 해결!

노래의 규칙을 찾아라!

여러분은 어떤 노래를 가장 좋아하나요? 노래의 규칙을 떠올리면서, 나만의 노래를 만들어 보세요!

글 장경아 객원기자 **진행** 최송이 기자(song1114@donga.com)
디자인 오진희 **일러스트** 김태형 **일러스트** 김태형, GIB
#슈퍼M #생활수학 #노래 #가사 #규칙

탐구 1 노랫말을 맞혀라!

동요 '네 잎 클로버'의 가사예요. 가사에 숨은 규칙을 찾아, 빈칸을 알맞게 채워 보세요.

깊고 작은 산골짜기 사이로
맑은 물 흐르는 작은 샘터에
예쁜 꽃들 사이에 살짝 숨겨진
이슬 먹고 피어난 네 잎 클로버
랄랄라 한 잎 랄랄라 두 잎
랄랄라 세 잎 ☐ ☐ ☐ 잎
행운을 가져다준다는
수줍은 얼굴의 미소
한줄기의 따스한 햇살 받으며
희망으로 가득한 나의 친구야
빛처럼 밝은 마음으로
너를 닮고 싶어

탐구 2 — 노랫말을 바꿔라!

'꼬마야 꼬마야'라는 가사 대신 어떤 가사가 들어가면 좋을까요?
나만의 가사를 써서 새로운 노래를 만들어 보세요.

꼬마야 꼬마야

제목	꼬마야 꼬마야 → ____ ____
가사	꼬마야 꼬마야 → ____ ____
	뒤로 돌아라 → ____ ____
	땅을 짚어라 → ____ ____
	만세를 불러라 → ____ ____
	잘~ 가거라 → ____ ____

놀라운 도토리 관찰실

글 이다윤 기자(dana@donga.com)
디자인 김은지 그림 소노수정, GIB
#도토리_슈퍼 #규칙성 #구석과_대응

물놀이 게임

메시지에 '이모지 속담 퀴즈'가 도착했다. 이모지가 나타내는 속담을 맞히라.

'이모지'는 스마트폰 메시지에서 주로 사용하는 그림 기호야!

고양이한테 생선을 맡기다.

이 퀘스트를 해결하면 창의력 +3

다음 게임

최가을

도토리 슈퍼 직원

Lv. 3

7 아, 눈부새! 번적이는 창의력
4 날카로운 관찰력

※ 각 능력치가 모두 10이 될 때마다 레벨 1 상승!

크리스마스 쿠키 사세요~!

크리스마스를 앞두고 특제 쿠키를 팔려는 도토리 슈퍼!
그런데, 수학 천재 가을이가 쿠키 개수를 쿠키 관계식으로 적어두었다.
식을 보고 쿠키 개수를 구하라.

각 쿠키는 몇 개일까?

7개
7개
7개
3개
7개

🎅 = 3
🎅 + 🎄 =
🎄 + 🎅 =
🎅 - 🧑 =
🧑 × 2 = ❄

이 퀘스트를 해결하면
관찰력 +6

내 게임 결과를
놀케이툰이 놀이터-
어린이수학동아
게시판에 공유해줘!

가을 누나, 이렇게 적어두면 어떡해! 우선 트리 쿠키 하나가 눈사람 쿠키 두 개와 같으니까, 트리 쿠키 개수가 3+3이라는 건 알겠어.

산타 쿠키 개수를 알려면 먼저 트리 쿠키 개수를 알아야 하네. 차례대로 쿠키 사이의 관계의 피억히고 개수를 구하는 게 중요해.

말랑말랑 두뇌 퍼즐

두뇌의 다양한 영역을 개발하고 사고력을 키우는 데 퍼즐이 매우 유용해요. 논리력과 수리력, 공간지각력, 관찰력을 키우는 퍼즐을 통해 두뇌를 자극해 보세요!

글 최은솔 기자(eunsolcc@donga.com)
이미지 shutterstock
퍼즐 한국창의퍼즐협회
#나무와_텐트 #가쿠로 #슬리더링크 #미로_탈출

논리 퍼즐

나무와 텐트

텐트 하나에 나무 하나씩 심어요. 텐트와 나무의 개수가 같아야 해요.
나무는 텐트의 위나 아래, 왼쪽, 오른쪽 중에 심어야 해요. 나무끼리는 가로, 세로, 대각선으로 나란히 붙어 있으면 안 돼요.

예시

예시 정답

문제

 한국창의퍼즐협회
Korea Creative Puzzle Association

※한국창의퍼즐협회는 세계퍼즐연맹의 한국 운영기관으로, 퍼즐을 놀이이자 교육, 여가활동으로 널리 알리고자 설립한 단체입니다.

수리 퍼즐

가쿠로

빈칸에 주어진 수 중 하나를 써요. 모든 수를 다 쓰지 않아도 되고, 같은 수가 여러 번 들어갈 수도 있어요. 단, 빈칸의 가로줄과 세로줄에는 같은 수가 반복되지 않아야 해요. 연두색 칸에 적힌 수는 그 줄의 수들을 더한 값이고, 대각선으로 잘린 칸은 그 칸의 오른쪽이나 아래쪽 칸들을 더한 값이에요.

예시(주어진 수 : 1, 2, 3, 4, 5)

■	11	6	9
6	2		
8			
12	4		5

예시 정답

■	11	6	9
6	2	1	3
8	5	2	1
12	4	3	5

문제(주어진 수 : 1, 2, 3, 4, 5, 6)

■	■	18	6	10
■	7\9			
11			5	
11	6		■	3
14	1			4

검정 칸이 있을 땐 검정 칸의 왼쪽이나 위쪽에 있는 수만 더해.

슬리더링크

숫자가 적힌 사각형 둘레에 선을 그어 하나의 고리 모양을 만들어요.
숫자는 사각형 둘레에 그어진 선의 개수예요.

예시

2	2	3	1
3	1	3	0
2	2	2	2
0	2	2	3

예시 정답

2	2	3	1
3	1	3	0
2	2	2	2
0	2	2	3

문제

2	2	2	2	1
2	1	1	1	2
2	2	3	1	2
2	2	3	2	2
3	1	1	1	0

0이 적힌 칸 둘레에는 선을 그릴 수 없어.

미로 탈출

그림에 열린 문 2개가 있어요. 한쪽 문에서 출발해 다른 쪽 문으로 나가려고 해요.
이때, 칸을 가장 적게 밟고 문을 나가려면 어떻게 지나야 할지 색칠해보세요.
연두색 선을 뚫고 지나갈 수는 없어요.

예시

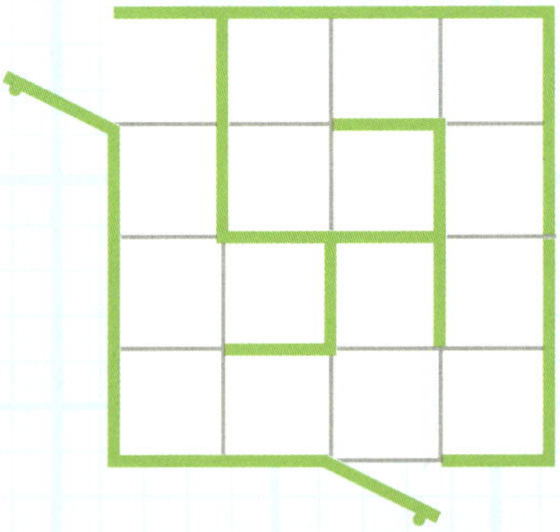

예시 정답

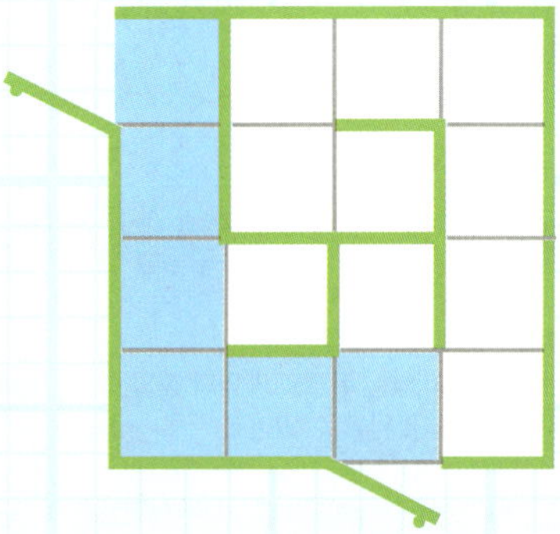

문제

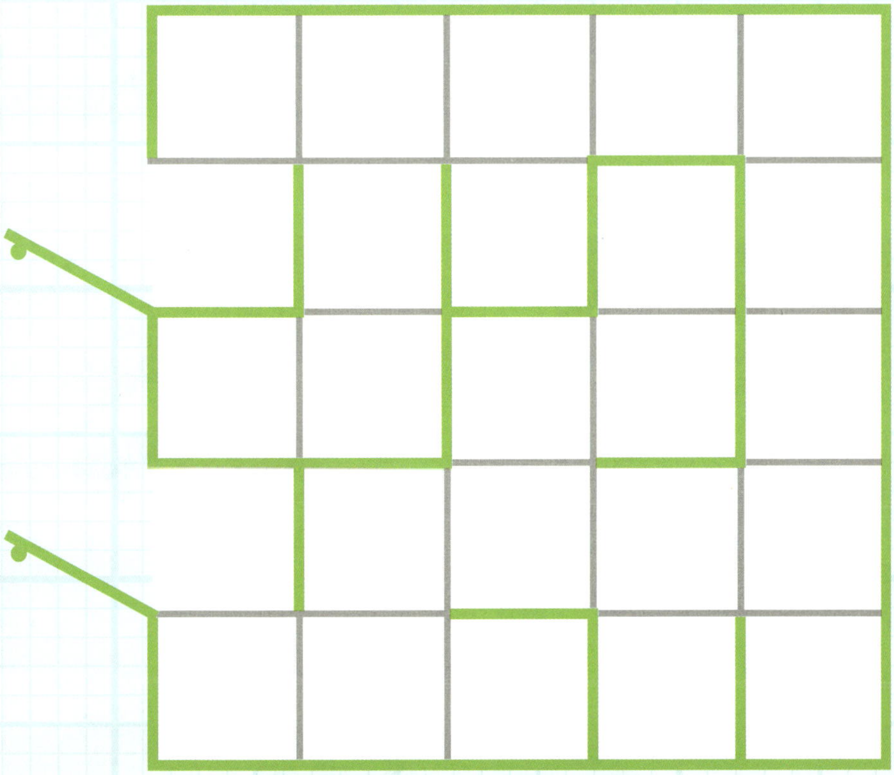

미로를 빠져나갈 수 있는 가장 짧은 길을 찾아봐!

어수동네 놀이터

담당 이다은 기자
(dana@donga.com)

'플레이콘'에 놀러오세요!
놀이터-어린이수학동아 게시판에 나의 놀이북 활동을 자랑해요. 추첨을 통해 독자 여러분께 선물을 드립니다!
<어수동> 속 재미있는 퀴즈와 게임의 정답도 플레이콘에서 확인할 수 있어요.

오늘의 챔피언
서석진
(cugen)

알록달록 수리버스 아바타 만들기~!

도전! 일상 속 수학을 찾아라!

kongsuni7512
피자를 만들고 정확하게 8등분 하기!
#일상속수학을찾아라 #분수

hyanggi_mom
소떡을 꽂으며 곱셈구구의 규칙을 찾다.
#어린이수학동아 #해피매쓰데이

시리얼 그래프를 만들어 봤어요!
정하람(musicmix)

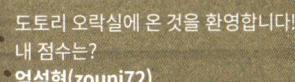

도토리 오락실에 온 것을 환영합니다!
내 점수는?
엄석현(zouni72)

편의점 물건 분류 성공!
전윤하(accyh)

M 체스 마스터 카드 만들었어요!
신보람(borami331)

도전! M 체스 마스터

M 체스 세계에선 전투가 한창이에요. 체스는 암산 능력, 수치 해석 능력, 상황 판단 능력 등 전략적 사고력을 키우는 데 도움이 되지요. M 체스 세계의 전략 문제를 풀고, M 체스 마스터로 거듭나 봐요!

8×8 체스 경기장

◀8 체스판의 세로줄인 '파일'은 왼쪽
◀7 부터 순서대로 a, b, c, d, …h로
◀6 읽고 가로줄인 '랭크'는 맨 아랫줄
◀5 부터 순서대로 1~8의 숫자를 붙
◀4 여요. 기물 위치는 파일의 알파벳
◀3 과 랭크의 숫자 조합으로 표시하
◀2 지요. 체스가 시작될 때 흰색 퀸은
◀1 d1에, 검은색 킹은 e8에 있지요.

처음에는 앞으로 1칸 또는 2칸 이동하고, 그 이후에는 앞으로 1칸씩만 이동함. 공격할 때는 대각선 앞에 놓인 상대편 기물만 공격할 수 있음.

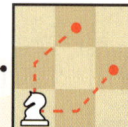
앞뒤나 양옆 중 한 방향으로 한 칸 움직인 다음, 그 방향의 대각선 왼쪽 또는 오른쪽으로 한 칸 더 움직임. 다른 기물을 뛰어넘을 수 있음.

대각선 방향으로 원하는 만큼 움직임.

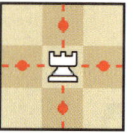
앞뒤와 양옆 직선 방향으로 원하는 만큼 움직임.

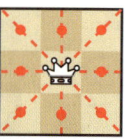
앞뒤, 양옆 직선 방향과 대각선 방향 어디로든 원하는 만큼 움직임.

체스판에서 끝까지 지켜야 하는 왕. 앞뒤, 양옆 직선 방향과 대각선 방향으로 한 칸씩만 움직일 수 있음. 킹이 공격받는 상황에서 더이상 피할 수 없게 되면 게임이 끝남.

폰 1점 | 나이트 3점 | 비숍 3점 | 룩 5점 | 퀸 9점 | 킹 무한대

체스 기물의 가치 점수

기선을 제압한다!
오프닝 원칙

체스에서 '오프닝'이란 경기를 시작하는 것을 말해요. 오프닝 기본 원칙에 따라 초반에 기물을 어떻게 옮길지 정하면 좋은 경기를 이끌어나갈 수 있지요. 물론, 이 원칙을 반드시 따라야 하는 것은 아니에요!

글 최송이 기자(song1114@donga.com) 콘텐츠 박인찬 유소년 체스 국가대표 디자인 김은지 일러스트 이민형
#체스 #기물 #오프닝 #규칙

 박인찬 (서울 목동중 2학년)
유소년 체스 국가대표

2022년 전국 유소년 체스 선수권 대회 U14 부문(만 14세 이하 남자)에서 1위를 했어요. 2023년에는 전국 유소년 체스 선수권 대회에서 전체 1위로 우리나라의 유소년 국가대표로 선정됐어요.

오프닝 3원칙

1 중앙을 차지한다.

경기가 시작되면 폰으로 체스판의 중앙인 d4, d5, e4, e5를 차지해야 해요. 우리 팀 기물을 유리한 곳에 배치하고 상대 팀을 방해할 수 있어요.

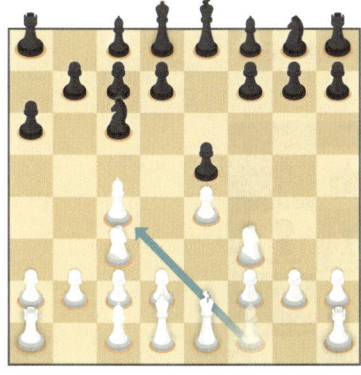

2 기물을 빠르게 진출시킨다.

다양한 기물을 최대한 빠르게 중앙으로 진출시켜야 해요. 이때, 우리 팀을 방해하거나 공격받을 위험이 있는 곳으로는 가면 안 돼요.

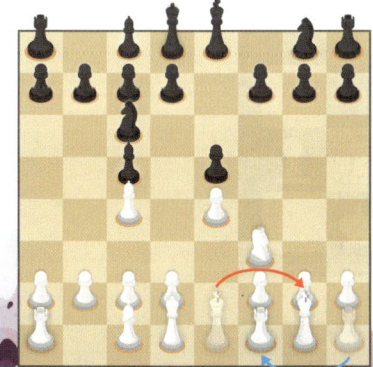

3 캐슬링으로 킹을 보호한다.

킹은 옆으로 두 칸 이동하고, 룩은 킹을 건너뛰어서 킹 옆으로 가는 '캐슬링'을 해요. 킹을 안전하게 보호하며 룩을 중앙으로 진출시킬 수 있어요.

도전! M 체스 마스터 전략 퀴즈

퀴즈 1 중앙을 차지하려면 표시된 흰색 폰을 어디로 이동하는 것이 좋을까요?

중앙을 향해 돌격!

퀴즈 2 표시된 흰색 나이트를 어디로 이동하는 것이 더 좋을까요?

나, 킹을 끝까지 보호하라.

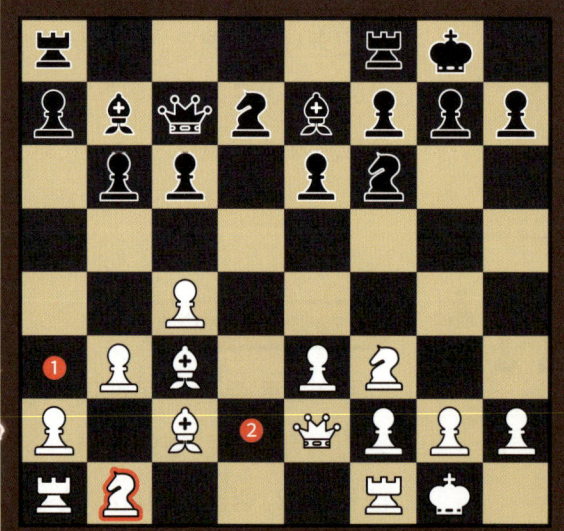

21~22쪽에서 나만의 마스터 카드를 완성해 봐!

오프닝 원칙 마스터 카드

M 체스 마스터가 되려면 노력과 인내의 시간을 거쳐야 하지. 체스 오프닝 원칙을 배운 너희에게 M 체스 마스터 카드를 줄게. 오른쪽 카드에 있는 '레벨 업 퀴즈'를 풀면 M 체스 마스터에 한 발짝 더 다가갈 수 있어!

#체스 #오프닝 #중앙 #캐슬링

빠르게 전진하는 나이트
전진력 ★★★★
최대한 빠르게 중앙으로 진출해요.

중앙을 차지하려면 표시된 폰 중 어떤 것을 어디로 이동하는 것이 좋을까요?

보호받는 킹
보안력 ★★★
캐슬링으로 킹의 안전을 확보해요.

킹을 보호하려면 표시된 킹을 어디로 이동하는 것이 가장 좋을까요?

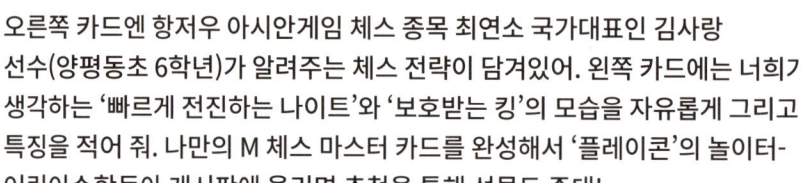

오른쪽 카드엔 항저우 아시안게임 체스 종목 최연소 국가대표인 김사랑 선수(양평동초 6학년)가 알려주는 체스 전략이 담겨있어. 왼쪽 카드에는 너희가 생각하는 '빠르게 전진하는 나이트'와 '보호받는 킹'의 모습을 자유롭게 그리고 특징을 적어 줘. 나만의 M 체스 마스터 카드를 완성해서 '플레이콘'의 놀이터-어린이수학동아 게시판에 올리면 추첨을 통해 선물도 준대!

빠르게 전진하는 나이트

특징:

퀴즈 1 다음 중 가장 좋은 수는 무엇일까요?
폰을 ❶ a4로 ❷ e4로 ❸ f3로 ❹ h4로

풀이 경기를 유리하게 가져가려면, 흰색 팀은 첫수에 e2에 있는 폰을 e4로 이동해 중앙을 먼저 차지하는 것이 좋아요.

보호받는 킹

특징:

퀴즈 2 다음 중 가장 좋은 수는 무엇일까요?
❶ 나이트를 a3로 ❷ 비숍을 d2로 ❸ 퀸을 d2로 ❹ 캐슬링

풀이 흰색 팀이 오프닝 3원칙의 마지막 단계로 킹과 h1의 룩을 캐슬링 하면, 킹을 안전하게 보호하는 동시에 룩을 f1으로 진출시켜 공격을 유리하게 만들 수 있어요.

보물찾기 코드 블록

코드 블록을 오리고 빈칸을 채운 뒤, '보물을 찾아라' 코드 실행에 붙여 보세요.

사용할 코드 블록

□번 반복하기

□번 반복하기

□번 반복하기

□번 반복하기

앞으로 □칸 이동

앞으로 □칸 이동

앞으로 □칸 이동

앞으로 □칸 이동

□으로 회전

□으로 회전

□으로 회전

□으로 회전

뛰어넘기

뛰어넘기

악어 물리치기

악어 물리치기

23

마음대로! 햄버거 세트

원하는 재료를 오려 내가 가장 먹고 싶은 햄버거 세트를 만들어 보세요.

빵 고기 패티 치즈 토마토

양상추 감자튀김 음료수

KC 마크는 이 제품이 공통 안전기준에 적합함을 의미합니다.
책 모서리에 찍히지 않도록 주의하세요.

www.popcornplanet.co.kr

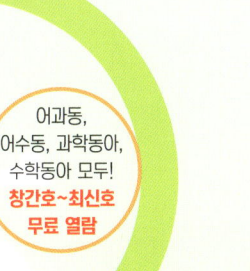

어린이 수학동아

2024년 1월 17일 초판 1쇄 발행

지은이 어린이수학동아 편집부
펴낸이 장경애
본부장 고선아

편집 최은혜, 최송이, 조현영, 최은솔, 이다은
디자인 정해인, 김은지
마케팅 이성우, 홍은선, 전창현, 이고은

일러스트 동아사이언스, 남동완, 밤곰, 오성봉, 냠냠OK, 김태형, 소노수정, 허경미, 이민형
만화 소노수정, 이은섭, 주로, 최수경, 하성호, 홍승우
사진 게티이미지뱅크(GIB), 위키미디어(W)
인쇄 북토리

펴낸곳 동아사이언스
출판등록 제2013-000081호
주소 (04370) 서울특별시 용산구 청파로 109 7층
전화 (02)6749-2002
홈페이지 www.dongascience.com
www.popcornplanet.co.kr

이 책에 실린 글의 저작권은 어린이수학동아 및 저자에게 있습니다.
무단전재와 무단복제를 금합니다.

ⓒ동아사이언스